Sparen kann, jeder, Ihr Ratgeber rund ums Haus

Frank Altmann

AF189372

Sparen im Garten

Tipp 1: Aufzucht in alten Eierkartons.
Kartons eignen sich durch ihre Form
und ihre Beschaffenheit ideal als
Aufzuchttöpfe. Der Karton speichert
Wasser und kann von den Wurzeln der
Jungpflänzchen prima durchdrungen
werden.

Tipp 2: Saatgut und Pflanzen sind oft
teuer und nicht immer bekommt man die
Sorten, die man gerne pflanzen würde.
Da es aber vielen Hobbygärtnern so geht,
findet man immer Gleichgesinnte im
Internet zum tauschen

Tipp 3: Es ist jedes Jahr immer teuer,
neue Pflanzen aus der Gärtnerei zu
kaufen. Auf Dauer ist es billiger und
effektiver, wenn man kleine Pflanzen aus
Saatgut zieht, bestehende Pflanzen teilt
oder Ableger nimmt.

Tipp 4: Gartenerde vom Baumarkt oder Gartencenter sind teuer, besonders wenn sie frei vom Torf sein sollen.

Tipp 5: Nichts neues, aber erwähnungswert. Nutzt lieber das kostbare Regenwasser, dass dazu noch umsonst ist, anstatt kostbares Leitungswasser zu verschwenden.

Tipp 6: Kräuterrasen statt Sportrasen. Ganz einfach nicht mehr düngen, seltener mähen und nur bei langer Trockenheit wässern und Kräutersamen ausbringen. Vorteil: es muss weniger gemäht werden und sieht hübsch aus.

Tipp 7: Nicht gleich beim ersten Baumarkt kaufen. Im Internet zeigen sich riesige Preisunterschiede, die es in sich habe und zeigen, wo man seine Pflanzen preiswert bekommt.

Tipp 8: Beleuchtung im Garten. Ein schöner Garten wird noch schöner mit der passenden Beleuchtung. Ideal dafür sind Solarlampen, die sich tagsüber aufladen und in der Dunkelheit dann leuchten.

Tipp 9: Bei der Planung eines Gartens sollten sie festlegen, wie viel sie investieren wollen. Führen sie genau Buch, damit der Garten nicht zur Kostenfalle wird.

Tipp 10: Auch im Baucenter / Gartencenter sollten sie eine genaue Einkaufsliste führen, damit Sie nur das kaufen, was Sie wirklich brauchen.

Tipp 11: Wenn sie ihre Einkäufe sammeln oder sich mit Freunden oder Nachbarn zusammentun, ist vielleicht ein hübscher Rabatt möglich.

Tipp 12: Auch im Gartencenter stehen preiswerte Pflanzen unten im Regal, höherpreisige Pflanzen in Augenhöhe und Schnäppchen in einer versteckten Ecke.

Tipp 13: Mittags auf dem Wochenmarkt wollen die Händler ihre Pflanzen, die übrig geblieben sind, noch an den Mann bringen, viel billiger wie noch am Morgen.

Tipp 14: Jeder fängt klein an und aus diesem Grund sind die Jungpflanzen billiger als Schaupflanzen.

Tipp 15: Zum Saisonende müssen viele Händler ihre Sortimente loswerden, um Platz für neue Waren zu schaffen. Kübelpflanzen sind dann oft schon für ein Drittel des alten Preises zu bekommen.

Tipp 16: Direkt beim Gärtner gibt es so manches Schnäppchen oder übriggebliebenes Gut fürs kleine Geld.

Tipp 17: Auch bei online Aktionen, zum Beispiel bei Ebay können Sie so manches Schnäppchen machen.

Tipp 18: Ein Garten braucht auch Tisch und Stühle. Wenn es Ihnen nichts ausmacht, dass schon andere Leute darauf Probesitzen gemacht haben, sind Ausstellungsstücke genau richtig für Sie.

Tipp 19: No - Name Produkte gibt es auch im Gartenfachhandel. neben der Premiumlinie gibt es zusätzlich das Produkt in einer Billig- Version, daher Augen auf.

Tipp 20: Es muss am Anfang keine Spitzenausrüstung sein, fürs erste reicht auch eine kleine Grundausstattung.

Tipp 21: Teure und gute Klamotten haben beim Gärtnern nichts zu suchen Ziehen sie sich am besten die ältesten Sachen an, die sie haben.

Tipp 22: Auf Flohmärkten findet man nicht selten Gartengeräte, die noch gut funktionieren und preiswert sind, teilweise auch bei Ebay- Kleinanzeigen, Rubrik zu verschenken.

Tipp 23: Sparen sie sich die Müllgebühr für die Biotonne und schaffen sie sich einen eigenen Komposthaufen an.

Tipp 24: Aufwendige Kompost Behälter braucht man nicht. ein einfacher Holz - Latten -Komposter reicht völlig aus.

Tipp 25: Kompoststarter oder - Beschleuniger sind überflüssig. Eine Handvoll gute Gartenerde erfüllt denselben Zweck und kostet nichts.

Tipp 26: Teure Mineraldünger können oft durch günstigen Kompost ersetzt werden.

Tipp 27: In vielen Gemeinden können Sie Kompost aus der Grüngutentsorgung kostenlos bekommen.

Tipp 28: Was gehört auf den Kompost, was nicht? Ja: Obst – Gemüseabfälle, Rasenschnitt, Zweige und Laub. In Maßen: Bananenschalen, Schalen von Zitrusfrüchten. Nein: Salzige Essensreste, Fleisch und Knochen und Katzenstreu.

Tipp 29: Erkundigen sie sich nach Schrebergärtenauflösungen. Sie müssen die Pflanzen zwar meist selbst ausgraben, dafür kosten sie in der Regel nichts.

Tipp 30: sich: Besuchen Sie Pflanzenbörsen in Ihrer Region oder im Internet und tauschen Sie nach Herzenslust mit anderen Pflanzenliebhabern.

Tipp 31: Fragen sie Freunde oder Nachbarn nach Pflanzen aus dem Garten, die bequem und einfach vermehrt werden können.

Tipp 32: Pferdemist, auch Pferdeäpfel genannt, ist ein super Dünger und Pferdebesitzer werden sich freuen, wenn sie die Hinterlassenschaft der Pferde los werden.

Kinder im Garten

Tipp 33: Fragen sie bei Bekannten mit älteren Kindern, ob sie etwas abgeben können. Das Spielverhalten ändert sich und das Spielzeug liegt nur noch in der Ecke rum.

Tipp 34: Auf dem Sperrmüll lassen sich oft vollkommene intakte Spielsachen finden, ordentlich reinigen und los geht's.

Tipp 35: Spielsachen werden oft bei Ebay Kleinanzeigen verschenkt, beispielsweise gegen einen kleinen Obolus getauscht. Sparen sollten sie nicht bei Schaukeln oder Klettergerüsten. Da die Qualität, die natürlich mehr kostet, mehr Sicherheit für ihre Kinder bedeutet.

Tipp 36: Gehen sie in Secondhand-Märkten und in solchen Läden und sparen sie bares Geld.

Tipp 37: Gehwegplatten, um zum Beispiel eine Terrasse zu bauen, bekommt man an jeder Ecke geschenkt. Einfach die Anzeigen der Zeitungen durchlesen. Dann mit dem Hochdruckreiniger rüber und sie sehen wie neu aus.

Tipp 38: Ein Friesenwall muss nicht immer teuer sein. Passende Steine findet man eigentlich immer dort, wo ein Bauer seine Felder hat.

Tipp 39: Kaffeesatz nicht wegwerfen. Der Kaffeesatz ist ein hervorragender Dünger für Blumenbeete und Rabatten.

Tipp 40: Auch Zigarettenasche ist eine nährstoffreiche Substanz, die hungrigen Pflanzen willkommen sind. Nur den Filter sollte man getrennt entsorgen.

Heizkosten sparen

Tipp 1: Wenn sie die Raumtemperatur mit ihrem Thermostat nur um einen Grad senken, können Sie schon bis zu 6 Prozent an Heizkosten sparen.

Tipp 2: Drehen sie die Heizung runter, wenn sie zur Arbeit oder ein paar Tage in den Urlaub fahren. Aber lassen sie die Wohnung nicht komplett auskühlen.

Tipp 3: Versperren sie die Heizkörper nie mit Schränken oder dem Sofa, da die Heizwärme nicht ungehindert zirkulieren kann. Dadurch verschwenden Sie Heizkosten.

Tipp 4: Raus mit der alten Heizung. Alte Öl - und Gaskessel arbeiten in der Regel mit viel zu hoher Temperatur. So geht wertvolle Energie und teures Geld zum Schornstein hinaus. Ist die Umgebungs-Temperatur wärmer als 20 Grad, ist das ein Alarmsignal für eine Reparatur oder ein Kesselaustausch.

Tipp 5: Fußboden und Wandheizungen sind die Heizsysteme der Zukunft. Aus langer Sicht lohnt sich eine Erneuerung der Heizanlage.

Tipp 6: Möchten sie von den teuren Öl oder Gaspreisen weg, ist ein Holz - Heizkessel die Lösung. Sie arbeiten ähnlich wie Öl oder Gasheizungen. Der Kessel wird einmal mit Holz befüllt und brennt dann mehrere Stunden.

Tipp7: Pellets sollten sie schon im warmen Sommer kaufen und einlagern, da der Preis im Winter höher ist.

Tipp 8: Durch eine Modernisierung Ihres Hauses können Sie nicht nur Energie sparen, sondern auch den Wert Ihres Hauses steigern.

Tipp 9: Der größte Wärmeverlust findet im Winter über die Fenster statt. Schließen Sie deshalb mit Einbruch der Dunkelheit Rolläden, Jalousien und Vorhänge.

Tipp 10: Kälte fördert Schimmelbildung. Drum die Wohnung niemals komplett auskühlen lassen.

Tipp 11: Die Bundesregierung fördert die Anschaffung von Holzheizungen und Solaranlagen. Anträge gibt es beim Bundesamt für Wirtschaft und Ausfuhrkontrolle (BAFA).

Tipp 12: Oft sind Heizungsanlagen nicht vom Fachmann hydraulisch abgeglichen. Hier wird teure Energie verschenkt.

Tipp 13: Eine solide Dämmung spart Heizkosten.

Tipp 14: Der Einbau neuer Fenster in Altbauwohnungen kann sich auf lange Sicht sehr lohnen. Gut gedämmte, undurchlässige Fenster verhindern den Austritt von viel Wärme.

Tipp 15: Zimmer, die selten betreten werden, müssen nicht genauso beheizt werden wie zum Beispiel das Wohnzimmer.

Tipp 16: Wer einen modernen Heizkessel hat, muss sich um überhöhte Heizkosten keine Sorgen machen.

Tipp 17: Etwa ein Viertel der verbrauchten Energie geht auf das Konto der Heizung. Daher ist es wichtig, dass die einzelnen Räume richtig beheizt werden.

Tipp 18: Türen zu wenig beheizten Räumen schließen.

Tipp 19: Sobald die Heizung anfängt zu gluckern, ist zu viel Luft in ihnen. Man kann die Heizung mit einem speziellen Schlüssel (erhältlich im Baumarkt) entlüften. Durch diese Maßnahmen können Sie die Heizkosten um bis zu 15% senken.

Tipp 20: Hausbesitzer sollten Ihre Heizungsanlage jährlich warten lassen. Dies spart bis zu 5% der Heizkosten ein.

Tipp 21: Teppiche schaffen Wärme, Fliesen und Laminat lassen den Raum kühler werden.

Tipp 22: Überlegen sie sich bei einem Hauskauf genau, was für ein Haus sie kaufen. Ein Altbau bringt mehr Heizkosten mit sich als ein Neubau.

Tipp 23: Nachtspeicherheizung ist die teuerste Art des Heizens. Auf sie sollte komplett verzichtet werden.

Tipp 24 Vergleiche deinen Strom und Gasanbieter. Die meisten Menschen zahlen zu viel für Gas und Strom. Wer richtig vergleicht und wechselt, kann bis zu 500 Euro im Jahr sparen.

Sparen im Haus

Tipp 1: Sollten Sie einen Handwerker brauchen, nehmen Sie nicht gleich das erste Angebot an. Vergleichen von mehreren Angeboten bringt 20-30%

Tipp 2: 500 Euro sparen Sie auf einer Fläche von 25 Quadratmetern, wenn Sie statt eines Fertigparketts durchschnittlicher Güte Laminat verlegen.

Tipp 3: Wände selbst malen. 650 Euro kostet es, wenn ein 44 Quadratmeter großes Zimmer von einem Malermeister abzukleben und neu streichen lassen.

Tipp 4: Deckenverkleidungen: 400 Euro sparen Sie, wenn statt einer anderen Variante eine Spanndecke auf der bestehende Zimmerdecke montieren lassen.

Tipp 5: 85 Euro kostet Sie die Erneuerung der Anschlussleisten zu einem Tür – oder Fensterrahmen pro Einheit. Besser alte Abschlussleisten abschleifen und neu lackieren.

Tipp 6: Die Küche muss nicht immer gefliest sein. Sie sparen ca. € 1.800 Euro, wenn Sie statt Fliesen PVC verlegen.

Tipp 7: Teppichboden muss nicht immer ausgewechselt werden, wenn er stark verschmutzt ist. Oft hilft es, ein- bis zweimal mit einem Shamponierer rüberzugehen.

Tipp 8: Auch bei einem Holzschreiner, der bei Ihnen zum Beispiel die Renovierung einer Treppe vornehmen soll, lohnen sich Preisvergleiche.

Tipp 9: Efeu an einer Außenwand sieht hübsch aus, kann aber teuer werden. Zu einem schützen die Pflanzen das Mauerwerk vor Feuchtigkeit, die Ranken der Pflanze können aber auch das Mauerwerk angreifen. Vorsicht!!!

Tipp 10: 3000 Euro kostet ein preisgünstiger Fassadenanstrich. Manche Preisvorschläge lagen fast beim Doppelten

Tipp 11: Schaffen Sie sich eine sichere Leiter an, denn 2.700 Euro kostete es den Krankenkassen im Schnitt für die Behandlung eines Beinbruchs.

Tipp 12: Checken Sie Ihren Telefonvertrag. Sind die Verträge älter, zahlen Sie mit Sicherheit zu viel. Wechseln kann bares Geld sparen.

Tipp 13: Vergleichen Sie Ihre Versicherungen. Besonders bei der KFZ- und Haftpflichtversicherung sind die Unterschiede groß.

Tipp 14: Sie brauchen ein Handy nur, um im Notfall erreichbar zu sein. Dann reicht eine Prepaid Karte und leistet gute Dinge und vor allem volle Kostenkontrolle.

Sparen im Alltag

Tipp 1: Cola als Toilettenreiniger.
WC- Reiniger ist eines der aggressivsten
Putzmittel im Haushalt. Dabei kann Cola
das gleiche, ist preiswert und schadet
nicht der Umwelt. Einfach die Cola über
Nacht in das WC-Becken schütten und
einwirken lassen. Durch den Säuregehalt
lösen sich Urinstein und Kalkablager-
ungen ganz von allein.

Tipp 2: Heißes Kartoffelwasser löst
Haare und Ablagerungen in den
Sanitärabflüssen besonders gut.

Tipp 3: Essig bei Ablagerungen im
Waschbecken und in Badewannen.
Mischen Sie Essig mit Wasser 1:5, ein
wirklich preiswerter effektiver Reiniger.

Tipp 4: Wenn Sie Ihren Duschvorhang
in Essigwasser legen, bekommt er keine
Stockflecken und schimmelt nicht. Sie
müssen diesen Vorgang aber hin und
wieder wiederholen.

Tipp 5: Zu viel Tee gekocht?
Kein Problem, schwarzer Tee lässt
Parkettböden glänzen und ist preiswert.

Tipp 6: Haben Sie einen Kaugummi auf
der Jeans, lässt dieser sich schnell
entfernen, wenn Sie die Jeans ins
Gefrierfach legen. Danach lässt sich der
Kaugummi blitzschnell entfernen.

Tipp 7: Wenn die Fliesenfugen langsam
grau werden, lassen sich diese mit
Backpulver schnell reinigen. Aus
Backpulver und Wasser eine Breimasse
anrühren. Diese dann etwa 2 Stunden
einwirken lassen. Nach der Einwirkezeit
einfach abwischen, fertig!

Tipp 8: Zum Backofen reinigen eignet
sich Natron super. Ein Gemisch aus
Wasser und Natron im Verhältnis 1:1
anrühren. Das Gemisch im Backofen
auftragen und bis zu 2 Stunden einwirken
lassen. Danach einfach auswischen.

Tipp 9: Salz hilft bei Flecken auf der Kleidung oder im Teppich. Sofort nach dem Missgeschick aufstreuen und einwirken lassen. Danach absaugen. Das ist billiger als ein Fleckenentferner.

Tipp 10: Blut auf der Kleidung. Einfach Milch auf den Blutfleck schütten und einwirken lassen, das Milcheiweiß löst dabei das geronnene Eiweiß und der Fleck ist nach dem Waschgang wieder weg.

Tipp 11: Wer länger wäscht, wäscht günstiger. Der Energieverbrauch ist bei Kurzwaschprogrammen deutlich höher als bei Eco-Programmen. Grund: Die Maschine muss in kurzer Zeit das Wasser aufheizen und mehr Energie verwenden.

Tipp 12: Wenn Sie Gaskosten sparen wollen, sollten Sie als erstes die jeweiligen Anbieter vergleichen.

Tipp 13: Auf Fleisch verzichten. Fleisch ist sehr teuer, so sollte man fleischlose Gerichte einplanen.

Tipp 14: Shampoon und Spülung sind immer sehr konzentriert. Man kann sie richtig mit etwas Wasser verdünnen, so sind sie dann viel ergiebiger.

Tipp 15: Die alten Kleider werden langweilig? Dann veranstalten Sie mit Ihren besten Freunden eine Kleidertauschparty. Jeder bekommt andere, abwechslungsreiche Kleidung. Und noch besser, man weiß, wer sie vorher getragen hatte

Tipp16: Oft und zur richtigen Zeit Wasser trinken ist gut für die Gesundheit. Gut für den Geldbeutel ist es, wenn man auf Flaschenwasser verzichtet und Leitungswasser trinkt.

Tipp 17: Installieren Sie in Ihrer Wohnung Led Lampen. Sie kosten in der Anschaffung zwar mehr, verbrauchen aber ca., 10% weniger Strom als herkömmliche Glühbirnen.

Tipp 18: Planen Sie die Mahlzeiten der Woche mit den Angeboten der Woche. So sparen Sie schnell bis zu 20%.

Tipp 19: Zu geringer Reifendruck beim PKW erhöht den Kraftstoffverbrauch um bis zu 10%. Außerdem verschleißen die Reifen schneller. Deshalb kontrollieren Sie regelmäßig Ihren Reifendruck.

Tipp 20: Leihen statt kaufen. Ideal bei Büchern oder den Shamponierer für den Teppich, den man nur ein bis zweimal im Jahr braucht.

Tipp 21: Allzweckreiniger lassen sich leicht aus Essig, Natron und Zitronenresten selbst herstellen und kosten in der Herstellung weniger als 0,40 Euro.

Tipp 22: Gründen Sie
Fahrgemeinschaften, zum Beispiel
für den alltäglichen Weg zur Arbeit.
Bei vier Personen sparen Sie da
schon eine Menge Benzinkosten ein.

Tipp 23: Räumen Sie Ihren
Kleiderschrank auf. Sachen, die Sie ein
Jahr und länger nicht getragen haben
tragen Sie auch danach nicht mehr. Sie
können diese daher z.B. bei Ebay
Kleinanzeigen verkaufen.

Tipp 24: Verzichten Sie auf Fertiggerichte
oder den Lieferservice. Versuchen Sie
lieber preiswert einzukaufen und kochen
Sie für zwei Tage.

Tipp 25: Zigaretten, Kaffee und Alkohol
gehen schnell ins Geld. Versuchen Sie
sich davon zu lösen, dann sparen Sie viel
Geld.

Tipp 26: Gibt es kostenloses Essen? Supermärkte müssen unverkaufte Lebensmittel, die eigentlich noch in Ordnung sind, aussortieren. Andere Menschen haben zu viel im eigenen Garten geerntet oder fahren in Urlaub und wollen Lebensmittel nicht schlecht werden lassen. Dafür gibt es die Plattform foodsharing. Probieren Sie es mal.

Tipp 27: Verdreckte Luftfilter im PKW verursachen bis zu 7 % mehr Kraftstoffverbrauch. Deshalb regelmäßig den Luftfilter reinigen.

Tipp 28: Stelle deine Getränke selbst her. Zum Beispiel Wasser mit einem Schuss Zitrone oder leckeren Tee aus Orangenschalen. Einfach und günstig.

Tipp 29: Einfach mal einen Tag den Fernseher auslassen. In der Zeit können Sie Sport machen, ein Buch lesen oder ein Spieletag einlegen.

Tipp 30: Einfach mal zu Fuß gehen. Lassen Sie bei kurzen Wegen zum Bäcker oder für den kleinen Einkauf einfach mal den Wagen stehen. Es tut gut und spart Benzin.

Tipp 31: Fahren Sie mehr Rad. Hinten zwei Satteltaschen und sogar der größere Einkauf ist möglich. Spart Benzin und ist gut für die Umwelt.

Tipp 32: Meide Kapsel – und – Pad – Kaffee. Sie schmecken nicht besonders gut, sondern sind auch noch sehr teuer. Nichts schmeckt besser als frisch aufgebrühter Kaffee am Morgen.

Tipp 33: Führen Sie ein Haushaltsbuch. Sie können jede Ausgabe erfassen und es macht Ihnen bewusst, wohin ihr Geld fließt und wo Sie noch sparen können.

Tipp 34: Bereiten Sie im Urlaub Ihr Essen selbst zu. Viele Apartments verfügen über eine eigene Küche.

Tipp 35: Lassen Sie sich von den Rundfunkgebühren befreien.
Wer BAFÖG, Hartz 4 oder andere Sozialleistungen erhält, kann sich von den Gebühren befreien lassen.

Tipp 36: Erhalten Sie Begrüßungsgeld.
Wer in eine neue Stadt zieht, kann Begrüßungsgeld erhalten. Diese Leistung gibt es in 54 Städten in Deutschland. Entweder in bar oder in Form von Sachleistungen. Im Internet erfahren Sie mehr.

Tipp 37: Erhalten Sie Cashback im Supermarkt. Laden Sie die Scondoo - App auf Ihr Handy hinunter. In der App sehen Sie, für welche Produkte Sie Geld zurückbekommen.

Tipp 38: Sehr viele Firmen versenden Proben, um für ihr Produkt zu werben. Im Internet erfahren Sie mehr zu diesem Thema.

Tipp 40: Fechten Sie Bußgelder kostenlos an. Jedes dritte Bußgeldverfahren ist fehlerhaft. Grund sind falsche Beschilderungen, Messungen, Auswertungen usw....

Tipp 41: Nutzen Sie Mitfahrzentralen. Melden Sie sich einfach bei einer Mitfahrzentrale an. Sollten Sie ein eigenes Auto haben, sollten Sie bei längeren Fahrten immer mehrere Mitfahrer mitnehmen.

Tipp 42: Suchen Sie einen günstigen Ort zum Leben. Stadtrandlagen verfügen meist über eine gute Verkehrsanbindung und kosten weit weniger Miete als in der Großstadt.

Tipp 43: Nutzen Sie Saisonschlussverkäufe. Wenn Sie unbedingt neue Kleidung brauchen, nutzen Sie Saisonschlussverkäufe und sparen Sie dadurch bares Geld.

Tipp 44: Vermeiden Sie Käufe auf Raten, auch wenn es verlockend ist. Ratenkauf ist nämlich mit sehr hohen zusätzlichen Zinsen verbunden.

Tipp 45: Nehmen Sie Geräte vom Strom, wenn Sie in den Urlaub fahren. Zum Beispiel alle Geräte außer Kühl- und Gefrierschrank.

Tipp 46: Kaufen Sie eine Woche, bevor Sie in den Urlaub, fahren nur noch wenig Lebensmittel ein. Sonst besteht die Gefahr, dass übrig gebliebene Lebensmittel schlecht sind, wenn Sie wiederkommen.

Tipp 47: Mittagsangebote und Gutscheine nutzen. Man kann ordentlich sparen beim Essengehen. Es gibt zum Beispiel Gutscheinhefte a`la zwei zum Preis für einen. Die Hefte kosten ca. 20-25 Euro.

Tipp 48.Reisen Sie außerhalb der Hauptsaison. In beliebten Reisezielen sind die Unterkünfte in der Nach- oder Nebensaison erheblich günstiger.

Tipp 49: Kaufen Sie Ersatzteile für Ihr Auto auf dem Schottplatz zu günstigen Preisen.

Tipp 50. Nutzen Sie Elektrofahrzeuge. Sie werden immer beliebter und preiswerter und die Akkus halten immer länger. So schonen Sie Ihren Geldbeutel und die Umwelt.

Tipp 51: Machen Sie in Ihrem Urlaub Camping, anstatt in teuren Hotels zu wohnen. Es ist viel preiswerter und macht auch viel mehr Spaß.

Tipp 52: Machen Sie mit Ihren Freunden ein Filmeabend, anstatt ins teure Kino zu gehen. So entgehen Sie auch die teuren Mehrausgaben für Popcorn und Cola.

Tipp 53: Vermeiden Sie Spielhallen und Kasinos. Gewinnen tut letztendlich nur der Betreiber.

Tipp 54: Viele Auszubildende suchen Haar- oder Nagelmodels für Ihre Prüfungen. Sie bekommen dann den Haarschnitt oder das Nagelstyling sehr preiswert oder sogar kostenlos.

Tipp 55: Besorgen Sie sich Proben, zum Beispiel Hautcremes umsonst in den Kundenzeitschriften von DM und Rossmann.

Tipp 56: Kaufen Sie Elektrogeräte nicht kurz vor Weihnachten. Die Geräte sind häufig nach Weihnachten viel günstiger.

Tipp 57: Vorsicht vor der geschenkten Mehrwertsteuer, mit denen manche Firmen werben. Sie wird oft vorher auf den Verkaufspreis aufgeschlagen.

Tipp 58. Haarkur selbst machen. Sie brauchen hierzu nur eine Avocado, zwei Esslöffel Olivenöl und einen Spritzer Zitronensaft. Einfach alles vermengen und in die Haarspitzen geben. Nach der Einwirkzeit von 15 Minuten das Ausspülen nicht vergessen.

Tipp 59: Werden Sie Produkttester für verschiedene elektrische Geräte. Viele Hersteller suchen für neue Produkte Tester, die die neuen Produkte auf Herz und Nieren testen. In der Regeldarf darf man die Produkte nach dem Test behalten.

Tipp 60: An Aktionen teilnehmen und Gutscheine erhalten. Macht zum Beispiel Edeka mit Tassimo. Kaufe drei Pakete und bekomme einen 10 Euro Einkaufs-gutschein von Edeka.

Tipp 61.: An Gewinnspiele im Internet teilnehmen. Irgendwann gewinnt jeder mal und es entstehen keine Kosten.

Tipp 62: Behalte deinen Kontostand immer im Auge und vermeide Überziehungen, um nicht mit hohen Überziehungszinsen in Kontakt zu kommen.

Tipp 63: Wenn Sie Bücher kaufen wollen, überlegen Sie sich, ob man diese Bücher nicht auch gebraucht kaufen kann. Bei Amazon oder Rebuy kann man bis zu 70 & sparen.

Tipp 64: Wenn Sie ein Auto kaufen, entscheiden Sie sich für einen Jahreswagen. Vorteil: Wenige Kilometer runter, preiswerter als ein Neuwagen und viele Extras dabei, die sonst Extra kosten würden.

Tipp 65: Fitnessstudios sind in der Regel teuer. Alternativ gibt es Präventiv-angebote der Krankenkassen. Die Kosten werden oft bis zu 80 % erstattet.

Tipp 66: Hotels in der Nähe von Messen oder größeren Firmen bieten extra Wochenendrabatte an, da sie meist nur unter der Woche von Geschäftsreisenden belegt sind.

Tipp 67: Es muss nicht immer der teure Luxusurlaub mit Flug und 5 Sterne Hotel sein. Nord- und Ostsee haben genügend schöne Orte mit Hotels für jeden Geldbeutel parat.

Tipp 68: Bei einen Familienausflug muss es nicht immer das teure Restaurant sein. Ein gut gefüllter Picknickkorb tut es auch. Es bringt viel Spaß und ist preisgünstiger.

Energie sparen

Tipp 1: Kochen Sie Eier anstatt im Topf lieber im Eierkochen. Sie sparen Energie und Wasser.

Tipp 2: Stellen Sie Ihren Kühlschrank so, dass er nicht in der Sonne steht. Dadurch verbraucht er weniger Energie.

Tipp 3: Beim Kochen sollte man immer den Deckel auf dem Kochtopf haben. Dadurch geht weniger Energie verloren und die Garzeit verringert sich.

Tipp 4: Ein zu kalt eingestellter Kühlschrank verbraucht 10% mehr Strom.

Tipp 5: Durch zu harte Kühlschrankgummis geht Kälte verloren und dadurch Energie. Reiben Sie die Kühlschrankgummis mit Glyzerin ein, dadurch werden sie geschmeidig.

Tipp 6: Öffnen Sie Ihren Kühlschrank nur, wenn es notwendig ist. Durch das Öffnen verliert der Kühlschrank Kälte und verbraucht mehr Energie.

Tipp 7: Kühl- und Gefrierschränke sollten nie neben einer Wärmequelle stehen. Es verkürzt nicht nur die Lebenszeit Ihres Geräts, sondern es verbraucht auch noch mehr Strom.

Tipp 8: Beim Kauf eines Wasserkochers sollte man darauf achten, dass die Spirale frei liegt. Dadurch wird das Wasser direkt erhitzt. Sie sparen Zeit und Energie.

Tipp 9: Sollte ein Gefrierschrank wenig gebraucht werden, ist er in einem kühlen Raum, z. B. Keller, besser aufgehoben. Dies spart nämlich deutlich Energie.

Tipp 10: Geben Sie nur so viel Wasser in den Wasserkocher, wie nötig. Es ist unglaublich, wieviel Strom verloren geht, wenn Wasser, das nicht benötigt wird, erhitzt wird.

Tipp 11: Die Größe des Topfes sollte immer mit der Größe der Herdplatte übereinstimmen. Im ungünstigen Fall ist der Topf kleiner als die Herdplatte.

Tipp 12: Die Küche sollte nicht zu warm sein. Pro Grad überhöhte Umgebungstemperartur verbraucht der Kühlschrank ca. 5% mehr Energie.

Tipp 13: Wasser zum Kochen von Speisen im Wasserkocher erhitzen, das spart Zeit und Geld.

Tipp 14: Kühlschränke, die zu voll-gepackt sind, verbrauchen deutlich mehr Strom. Außerdem geht die Übersicht der Lebensmittel schnell verloren, das dazu führt, dass die Lebensmittel verderben.

Tipp 15: Stellen Sie Heizungen nie zu, sonst kann sich die Wärme nicht optimal im Raum verteilen.

Tipp 16: Wer an eine Warmwasserversorgung angeschlossen ist, sollte bei Entnahme von warmen Wasser erst den Warmwasserhahn zudrehen und dann den Kaltwasserhahn. Das spart vom teuren warmen Wasser ein.

Tipp 16: Bildschirmschoner sind zwar nett anzusehen, kosten aber Strom. Schalten Sie daher Ihren PC oder Laptop aus, wenn Sie ihn längere Zeit nicht benutzen. Das macht sich auf Ihrer nächsten Stromrechnung positiv bemerkbar.

Tipp 18: Ziehen Sie abends die Rollläden oder Vorhänge zu. Dies senkt Ihre Heizkosten.

Tipp 19: Benutzen Sie Stromsparlampen. Diese kosten in der Anschaffung zunächst zwar etwas mehr, aber machen ihren Namen alle Ehre.

Tipp 20: Es muss nicht immer ein Vollbad sein. Eine Dusche tut es genauso, aber spart jedes Mal etliche Liter Wasser ein.

Tipp 21: Man muss die Wohnung nicht überhitzen, nur um in einem T- Shirt rumzulaufen. Paar Grad kälter und ein Pullover tut es auch.

Tipp 22: Lassen Sie Ihre Wohnung im Winter nie komplett auskühlen. Denn es kostet eine Menge Energie, um die Wohnung wieder warm zu bekommen.

Tipp 23: Früher hieß es, die Geräte auf Stand By stellen spart bares Geld. Hat man aber mehrere Geräte auf Stand By, summiert sich dies am Ende auf eine hohe Stromrechnung.

Tipp 24: Alte Kühlschränke verbrauchen Unmengen an Strom. Es lohnt sich also das Geld lieber in einen neuen Kühlschrank zu investieren, dieser verbraucht nämlich deutlich weniger.

Tipp 25: Vergessen Sie die Restwärme beim kochen nicht. Herdplatten strahlen noch ca.20 Minuten Wärme aus. Sie können den Herd also schon vorher ausschalten und die Restwärme nutzen.

Tipp 26: Toaster: Benutzen Sie zum Aufbacken von Brötchen anstatt eines Backofens einen Toaster. Das kann bis zu 100 Euro im Jahr sparen.

Tipp 27: Ein Schnellkochtopf spart im Gegensatz zu einem normalen Topf bis zu 30% Energie ein.

Tipp 28: Holen Sie sich einen Energieberater ins Haus. Er sagt Ihnen Fachmännisch, wo die Energiefresser sind und wo Sie Strom einsparen können.

Tipp 29: Beim Stromspar-Check erhalten Haushalte mit geringen Einkommen eine Energiesparberatung, hierdurch können sie richtig sparen.

Tipp 30: Jeder beratene Haushalt kann bis zu 150 Euro im Jahr sparen.

Tipp 31: Stoß- statt Dauerlüften. Besser für die Heizkostenrechnung, die Fenster drei bis vier Mal am Tag für jeweils 10 Minuten vollständig öffnen.

Tipp 32: Mehr Hitze verbraucht Energie, darum empfiehlt es sich, Wäsche auf 30-40 Grad zu reinigen. Es schont außerdem das Gewebe.

Tipp 33: Laptop statt PC! Ein Laptop kommt bei vergleichbarer Ausstattung mit 30 Watt aus. Ein Stand PC verbraucht deutlich mehr.

Tipp 34: Ein Trockner ist praktisch, aber er verbraucht eine Menge Strom. Eine Leine tut es auch. Bei einem vier-Personenhaushalt kann man jährlich hierdurch bis zu 90 Euro einsparen.

Tipp 35: Bei leicht verschmutzter Wäsche kann man auf eine Vorwäsche verzichten, da man allein dadurch 30% an Stromkosten einsparen kann.

Tipp 36: Alle unbrauchbaren Apps vom Handy löschen, da diese Stromfresser sind und den Akku leersaugen.

Tipp 37: Kaufe B -Ware oder Ausstellungsstücke. B-Ware, z.B. Laptops mit leichten Kratzern auf dem Gehäuse, die die Funktion aber nicht beeinträchtigen.

Tipp 38: Zahlen Sie zu viel Kontoführungsgebühren dann wechseln Sie zu einem kostenlosen Girokonto.

Tipp 39: Wechseln Sie zu einer günstigeren Krankenkasse das spart bares Geld.

Tipp 40: Bei leicht verschmutzter Wäsche kann man auf die Vorwäsche verzichten, da allein dadurch 30% an Stromkosten gespart werden kann.

Tipps beim Einkaufen

Tipp 1: Auf Lebensmittel achten, die nur noch wenige Tage haltbar sind. Diese sind meist mit einem roten Aufkleber versehen. Dadurch sparen Sie bis zu 50%.

Tipp 2: Auf Rabattcoupons achten. Gibt es zu Beispiel bei Edeka und Netto. Ersparnis bis zu 20% pro Artikel.

Tipp 3: Bei Sonderangeboten auf Vorrat kaufen. Ideal bei Waren, die länger haltbar und leicht zu lagern sind.

Tipp 4: Meide die Angebote am Anfang der Gänge. In der Mitte der Gänge sind die günstigeren Artikel.

Tipp 5: Übrig gebliebene Kartoffeln vom Vortag nicht wegschmeißen. In Scheiben geschnitten sind sie ideal für Bratkartoffeln.

Tipp 6: Niemals hungrig einkaufen gehen. Man ist anfällig für Spontaneinkäufe und kauft mehr ein als geplant.

Tipp 7: Überprüfen Sie vor dem Einkauf Ihre Vorräte. Gibt es Angebote, müssen Vorräte aufgefüllt werden.

Tipp 8: Es lohnt sich kurz vor Ladenschluss einkaufen zu gehen. Viele Läden bieten Obst und, Gemüse und Backwaren billiger an, um morgens Platz für frische Waren zu haben.

Tipp 9: Gleich nach Ladenöffnung einkaufen gehen. Viele Läden, z.B. Aldi und Netto verkaufen Fleisch, welches nur noch einen Tag haltbar ist, 30% billiger. Auf roten 30% Aufkleber achten.

Tipp 10: Vor dem Einkaufen Vorräte überprüfen, Einkaufszettel schreiben und überlegen, was man wirklich brauchen tut.

Tipp 11: Greifen Sie bei frischen Produkte tiefer ins Regal hinein, da die Ware hinten meist länger haltbar ist.

Tipp 12: Beim eingepackten Fleisch in der SB Abteilung auf den Kilopreis achten, da dieser Kilopreis oft höher ist als in der Bedienungsabteilung.

Tipp 13: Beim Einkaufen auf die unteren Regale achten. Dort stehen meist die preiswerteren Waren, die aber nicht schlechter, aber oft bis zu 40% günstiger sind.

Tipp 14: Es gibt eine Vielzahl von Supermärkten und Discountern. Unsere Briefkästen quellen über vor Werbung. Aber es lohnt sich, Preise zu vergleichen und den Einkaufszettel danach auszurichten.

Tipp 15: Es müssen nicht immer Markenartikel sein. Hinter vielen Billigartikel verstecken sich namenhafte Hersteller, z.B. Aldi.

Tipp 16: Am meisten spart man, wenn man auf herkömmliche Batterien verzichtet und auf Akkus zurückgreift. Sie sparen Geld und tun was Gutes für die Umwelt.

Tipp 17: Auf Gratis Testen Angebote achten. Gibt es oft bei Wurst- und Käseaufschnitt. In der Regel wird der Kaufbetrag innerhalb von 2 Wochen dem Konto gutgeschrieben.

Tipp 18: Auf Plastiktüten verzichten. Einkaufskorb, Rucksack oder ähnliches verwenden. Spart Geld und ist gut für die Umwelt.

Tipp 19: Machen Sie Ihren Coffe to go einfach zu Hause. Sie werden merken, wieviel Sie sparen.

Tipp 20: 10 Minuten Regel. Bei Spontankäufen 10 Minuten nachdenken, ob Sie den Artikel wirklich brauchen.

Tipp 21: Wurstenden sind preiswerter als frisch aufgeschnittene Wurstsorten, denn sie taugen nicht für die Auslage. Manche Supermärkte verkaufen diese in Tüten verpackt preiswert.

Tipp 22: Weihnachtsmänner oder Osterhasen aus Schokolade nach dem Fest kaufen. Da sind sie 50-60% preiswerter.

Tipp 23: Auf dem Wochenmarkt oder beim Bäcker kann man kurz vor Feierabend die Waren bis zu 50% preiswerter bekommen.

Tipp 24: Versuchen Sie nur einmal die Woche einzukaufen. Wenn Sie mehrmals separat einkaufen gehen, geben sie viel mehr Geld aus.

Tipp 25: Schauen Sie nach den Wühltischen. Sie sehen zwar nicht so schön aus, aber genau da verstecken sich die günstigeren Artikel. Meist finden Sie dort die Angebote der letzten Woche, aber stark reduziert.

Tipp 26: Egal ob Kleidung, ein neues Fahrrad oder der neue Fernseher, fragen Sie immer nach einen Nachlass. Rabatte von bis zu 20% sind drin.

Tipp 27: Küchenmaschine benutzen anstatt verarbeitete Produkte kaufen. Rohstoffe selbstverarbeiten spart bis zu 20%.

Tipp 28: Auf Mogelpackungen achten. Gleiche Größe, gleicher Preis. Aber bei genauen Hinsehen erkennt man., dass z.B. statt 200gr. Nur 180gr. drin sind.

Tipp 29: Die Prozentfalle. Da wird vorgegaukelt, die Tüte hat 20% mehr Inhalt, der Preisanstieg beträgt aber 30% und mehr.

Tipp 30: Lebensmittel richtig lagern spart Geld. Lebensmittel bleiben länger haltbar und es muss weniger weggeschmissen werden.

Tipp 31: Kochen Sie Mahlzeiten aus frischen Lebensmittel und verzichten Sie auf Fast Food und Pizza. Dieses ist preiswerter und gesünder.

Tipp 32: Vermeiden Sie Produkte, die bereits verarbeitet sind, wie Wurst und Käse. Diese kaufen wir aus Bequemlichkeit. Ungeschnitten ist sind diese preiswerter.

Tipp 33: Essen Sie weniger Fleisch, dafür mehr Gemüse. Verzichten Sie auf Fertigprodukte. Dies macht sich bei Ihrer Gesundheit und bei dem Geldbeutel positiv bemerkbar.

Tipp 34: Nicht automatisch das kaufen, was leicht greifbar ist. Oft lassen sich 20% und mehr sparen, wenn man sich bückt.

Tipp 35: Einkaufen beim Discounter ist preisgünstiger als im Supermarkt und oft werden Eigenmarken von bekannten Markenhersteller hergestellt.

Tipp 36: Samstag kurz vor Ladenschluss einkaufen gehen. Man kann bei Gemüse und Obst richtig viel Geld sparen, da die Händler Montagmorgens frische Ware bekommen und die alte Ware noch loswerden möchten.

Tipp 37: Achten sie auf Lebensmittel, die gerade Saison haben. Diese sind besonders günstig, weil die Ernte unbedingt abverkauft werden muss.

Tipp 38: Gehen Sie kurz vor Ladenschluss einkaufen. Das zwingt Sie gezielt dazu, nur die Sachen zu kaufen, die Sie auch wirklich brauchen.

Tipp 39: Wähle Obst und Gemüse danach aus, was gerade Saison hat und sparen sie dadurch bares Geld.

Tipp 40: Sortieren Sie den Einkaufszettel nach Supermarktbereichen, wie Konserven, Fleisch und Gemüse aus, damit Sie nicht so oft durch die Gänge hin - herlaufen müssen und dadurch Spontankäufe machen.

Tipp 41: Mit Bargeld bezahlen statt ständig mit der Karte. Man verliert leicht den Überblick und merkt bei der nächsten Abrechnung, dass man viel zu viel Geld ausgegeben hat.

Tipp 42: Wer sparen möchte, muss sich erstmal ein Bild über seine momentanen Ausgaben machen. Erst wenn Sie Ihre laufenden Kosten genau kennen, können Sie sich überlegen, wo Sie eventuell noch sparen können.

Tipp 43: Gehen Sie nicht einkaufen, wenn Sie sauer, enttäuscht oder traurig sind. Dann versuchen Sie sich durch das Einkaufen aufzumuntern und kaufen mehr. Wenn Sie dann den Kassenbon sehen, ist die Laune dann aber noch schlechter.

Tipp 44: Die meisten Einkäufe werden mit dem Auto gemacht und ein Auto verbraucht Benzin oder Diesel. Benzinpreise ändern sich bis zu sieben Mal am Tag. Am günstigsten tanken Sie zwischen 18 und 20 Uhr.

Tipp 45: Machen Sie den Test und bezahlen Sie 1 Woche nur mit Bargeld anstatt mit der Karte. Sie werden sehen, dass Sie deutlich weniger Geld ausgeben.

Wasser sparen

Tipp 1: Beim Händewaschen und Zähneputzen muss nicht ständig das Wasser laufen. Dieses verursacht bis zu 50% mehr Wasserkosten.

Tipp 2: Benutzen Sie Duschköpfe mit Durchflussbegrenzer und Strahlregler. Diese sorgen für eine Minderung des Wasserdurchsatzes ohne Komfortverlust. Je nach Duschtechnik lassen sich im Jahr mehrere 1000 Liter Wasser sparen.

Tipp 3: Vermeiden Sie, dass die Geschirrspülmaschine halbvoll angeschaltet wird.

Tipp 4: Sie sparen beim Duschen viel Wasser ein, wenn Sie beim Einseifen das Wasser abstellen.

Tipp 5: Auch bei der Waschmaschine gilt: Erst einschalten, wenn die Trommel voll ist.

Tipp 6: Alte Spülkästen haben ein Fassungsvermögen von 9-12 Litern, moderne 2-Mengen-Spülkästen kommen dagegen mit 3-6 Litern aus.

Tipp 7: Wer Wasser sparen möchte, sollte Obst und Gemüse in einer Schüssel waschen. Man verbraucht dadurch weniger Wasser. Das leicht verschmutzte Wasser kann man noch zum Blumengießen nehmen.

Tipp 8: Wenn Sie warmes Wasser aus dem Wasserhahn brauchen, kommt eine Zeitlang nur kaltes Wasser. Dieses kalte Wasser nicht ungenutzt weglaufen lassen. Sie können es auffangen und zum Blumengießen verwenden.

Tipp 9: Wer die Möglichkeit hat, Regenwasser in einer Regentonne aufzufangen, sollte dieses tun. Man kann es für die Toilettenspülung oder zum Blumengießen verwenden.

Tipp 10: Tropfende Wasserhähne können mehrere Liter Wasser am Tag verlieren. Häufige Ursachen sind dafür defekte Dichtungen oder verkalkte Ventile. Diese Ursachen sind selbst für Laien zu beheben. Die Kosten dafür halten sich in Grenzen.

Tipp 11: Beim Kauf einer neuen Waschmaschine oder einer Spülmaschine auf den Wasserverbrauch der Geräte achten. Es gibt da große Unterschiede.

Tipp 12: Duschen statt Baden. Besonders in den warmen Sommermonaten erfrischt eine Dusche ungemein. Zudem verbraucht ein Duschvorgang etwa 30% weniger Wasser als Baden.

Tipp 13: Spülen Sie Ihr Geschirr nicht unter fließendem Wasser ab. Dabei laufen große Mengen an kostbares Trinkwasser nahezu ungenutzt in den Abfluss.

Tipp 14: Tipp für alte Spülkästen ohne Stopptaste. Einfach einen Ziegelstein in den Wasserkasten lagen. Der sorgt dafür, dass nicht zu viel Wasser nachläuft.

Tipp 15: Wenn Sie in Ihrer Küche einen Elektroboiler haben, dürfen Sie keinen Durchflussregler benutzen, da sonst das Gerät überhitzt und durchbrennt.

Tipp 16: Grauwasser nutzen. Dahinter steckt gereinigtes Schmutzwasser vom Händewaschen aus Bad und Küche, aber nicht aus der Toilette. Durch Filter und Kläranlagen lässt es sich so reinigen, dass Sie es für die Gartenbewässerung oder Toilettenspülung nutzen können.

Tipp 17: Zweigriffarmaturen sind hübsch anzusehen, leider nicht sehr sparsam. Bevor man die richtige Temperatur eingestellt hat, ist schon eine Menge Wasser ungenutzt im Abfluss verschwunden.

Tipp 18: Mit Thermostatarmaturen erhalten Sie ohne langes einstellen Ihre gewünschte Temperatur. Sie sind zwar in der Anschaffung etwas teurer, aber z.B. in einer Großfamilie lohnt sich diese Mehrausgabe.

Tipp 19: Whirlpools sind eine schöne Sache und unterscheiden sich von der Füllmenge nicht von Badewannen. Die Düsen, durch die Luftblässchen ins Wasser gelangen, können sehr schnell verstopfen und zu einem erhöhten Wasserverbrauch führen.

Herstellung und Verlag:
BoD – Books on Demand, Norderstedt
ISBN: 978-3-7481-1693-6